A PARTE MAIS VAZIA DO NADA

CARLOS EDUARDO PEREIRA

A PARTE MAIS VAZIA DO NADA

Crivo
EDITORIAL

A parte mais vazia do nada © Carlos Eduardo Pereira, 09/2024
Imagem da Capa © Gastão Santos Ramos, 09/2024
Edição © Crivo Editorial, 09/2024

Edição e Revisão Amanda Bruno de Mello
Imagem da Capa Gastão Santos Ramos
Capa, Projeto gráfico e Diagramação Luís Otávio Ferreira
Coordenação Editorial Lucas Maroca de Castro

Dados Internacionais de Catalogação na Publicação (CIP) de acordo com ISBD

P436p Pereira, Carlos Eduardo.
        A parte mais vazia do nada [manuscrito]/ Carlos Eduardo
        Pereira. – Belo Horizonte: Crivo, 2024.
        128p.: 14 cm x 21 cm.
        ISBN: 978-65-89032-83-0
        Inclui dados biográficos.
        1. Literatura brasileira. 2. Poesia Brasileira.
        3. Memórias na literatura I. Título.
                                      CDD B869.1
                                      CDU 869.0(81)-1

Elaborado por Alessandra Oliveira Pereira CRB-6/2616

Índice para catálogo sistemático:
1. CDD B869 Poesia brasileira
2. CDU 869.0(81)-1 Poesia brasileira

CRIVO EDITORIAL
r. Fernandes Tourinho // n. 602 // sl. 502
30.112-000 // Funcionários // BH // MG

🌐 crivoeditorial.com.br
✉ contato@crivoeditorial.com.br
ⓕ facebook.com/crivoeditorial
ⓘ instagram.com/crivoeditorial
🛒 loja.crivoeditorial.com.br

SONHO, 21

POEMA DE UMA FACE, 22

A CARA DA MINHA MÃE, 24

MAIS UMA ILHA DESCONHECIDA, 26

ODE À VIDA, 27

I, 27

II, 28

III, 29

IV, 30

UM CONJUNTO PASSADO DO FIM, 32

O NÃO, O NADA, 34

O CINZENTO, 35

O MARGINAL, 36

SEM CONFLITO, 38

UM MOMENTO, 39

MELANCOLIA, 40

TEMPO E ENGANO, 42

DAÍ FICO PENSANDO, 44

RELEVOS DOS DOIS MORROS, 45

O NÃO ENTENDER, 50

AUTOBIOGRAFIA, 51

FECHAMENTO DE CICLO, 59

SOLIDÃO?, 60

O SALTO, 62

ÀS VOLTAS, 63

O ESPELHO BOSCO, 64

FIM DE FÉRIAS, 65

VIAGEM, 67

ZÉ, 70

ORAÇÃO, 72

DISTÓPICO, 75

GARANTIA, 79

SOBRE O PODRE E O OCO, 80

I, 80

II, 81

III, 82

IV, 83

V, 84

VI, 85

VII, 86

VIII, 87

IX, 88

X, 89

PENÉLOPE, 90

DEMÉRITO E MERECIMENTO, 92

UM DIA EM FAMÍLIA, 93

INVERNO, 95

SALA DE AULA, 96

DESCRIÇÕES, 97

AS DUAS ESTAÇÕES, 102

FOTO DA NUVEM, 104

I, 104

II, 105

III, 106

IV, 108

LONGEVIDADE, 109

I, 109

II, 110

III, 111

IV, 112

V, 113

A LONGA VIAGEM, 114

DÚVIDA, 117

NOTA DO AUTOR, 121

AGRADECIMENTOS, 123

> "Dentro de mim mora um grito."
> – *Ariel*, de Sylvia Plath
> (Tradução de Marília Garcia)

"Assustado com o mundo chegou-me uma idade
em que dava patadas ao vento e chorava sozinho.
Escutar as mulheres e os homens falando
sem saber responder não dá muita alegria.
Mas a fase passou: já não estou mais sozinho
e, se não sei falar, posso estar bem sem isso.
Encontrei companhia encontrando a mim mesmo."

– Antepassados, de Cesare Pavese
(Tradução de Maurício Santana Dias)

"Desde então fiquei sozinho para sempre, com a nova consciência que me pregaram a martelo no peito, este fundo abismo sem fundo, frio frio frio, como um ressuscitado em verdade mais morto do que nunca, sem passado e sem futuro, enxergando as coisas por um binóculo, tão distante tudo, todos."

– Vaca de Nariz Sutil, de Campos de Carvalho

Dedico estes escritos a ninguém.
Julguei temerário dedicá-los a alguém
diante da possibilidade de estar
transformando tábula rasa, pura,
em tábula suja, feia.
Ninguém merece.
Ademais, ...

SONHO

Como se buscando compreender
a imensidão universal
do nada
escrevo dentro da vastidão infinita
do vazio.
Por isso divago
ou não
ou nada.
O tudo,
o cheio
eu conheço bem
sem fastio.

POEMA DE UMA FACE

O anjo falou que nasci empelicado
tanto no sentido de nascer dentro da bolsa
quanto no de nascer venturoso,
de boa estrela, chegado à boa sorte.

Acho que nasci seco
não nos signos de mirrado, estreito, chocho,
mas nos de dissonante, desgrenhado, diferente,
com um grito cavernoso e esganiçado ao nascer.

Já usaram chamar anjos de
tortos, safados, caídos, partidos, pornográficos,
rebeldes, maus, das trevas, barrocos, bentos,
desses que tocam trombetas
e tantos outros epítetos.

Creio que nenhum desses anjos estava lá
na hora em que a bolsa não arrebentou
e teve de ser furada
porque senão poderia ter sido mais fácil
a vida que não tive.

Por isso ter que ser seco.
empelicado gostaria que fosse ainda,
dentro da bolsa e sem muita gente por perto,
seco é quase obrigatório.

Anjo, falaram os poetas.
Seco, falo eu.

Naquele sentido de desidratado, árido.
Não que seja insensível,
mas com dificuldade de se ajustar ao mundo
de saber lidar bem com as coisas dos dias.

Mas, nos entretantos, seco é algo relativo.
Pode-se ser seco sem querer?
Ou nascer empelicado querendo?

Ser seco deve ser humano
demasiadamente insano
quem sabe, um anjo humano.

A CARA DA MINHA MÃE

Ninguém é a cara da minha mãe.
Minha cara mãe nunca teve cara.
A cara dela era aquela que fazia todos
abrirem mão da própria cara.
Todos ficavam a cara da cara
da minha cara mãe
que não tinha cara
de tanto que tinha.

O molho de pobre,
com seu feijão batido ao limão,
cebola picadinha e ovos cozidos,
representando a cota de proteínas.
A salada de chuchus mais maduros,
não se pode desperdiçar nada,
servida morna ao caldinho de temperos.
O molho de bananas da terra,
bem maduras, cozidas ao sal
com um tico de pimenta.

Essas comidinhas são exemplos que evidenciam,
tanto dela quanto do cara que
dividiu com ela uma vida inteira,
a habilidade de transformar o quase nada
recolhido na horta
em equilíbrio nutricional,
em sobrevivência assombrosa,
e acabavam por tornar a horta
mais cara que a casa.

Dessa forma a minha cara mãe,
que não tinha cara
de tanto que tinha,
com cara de olhos de profundo azul prussiano,
era, junto com seu cara,
a expressão de amor puro
a própria e cara luz.

MAIS UMA ILHA DESCONHECIDA

Nasci ao fim de Peixes
um mês antes e seria o antecessor Aquário

mais que ser apenas um peixe fora do aquário
acho que vim ao mundo também como
se fosse um peixe dentro de um aquário

o aquário, como deve ser, é de vidro

ter uma vida com raio de ação
limitado por uma transparência
com uma visão infinita proporcionada
pela mesma transparência

com a bela questão entre o gostar e o ter
entre o melhor e o provável pior
como que a enraizar-me as ações e as visões
de ambos os lados da transparência
sem enraizar-me os sonhos

com uma sensação de não pertencimento
nem ao lado de fora
nem ao de dentro

como a me tornar, ou ir me tornando
mais uma ilha desconhecida.

ODE À VIDA

I

O fim de todos é a solidão.
— Não só de quem ama, Vinícius.
A morte, um encontro pessoal
com a solidão, por óbvio.
A viuvez também o é.
Apesar de só ser irremediável para o morto
um oco é sempre relatado por quem fica.
Mas não só pela morte se chega à solidão.
Ela vem pelas perdas em vida
quando essas perdas são reais, da alma,
e não normais, fins.
— Por que escolher quem merece a solidão,
                                      Vinícius?
Dessas perdas que vêm para marcar,
como uma espécie de morte.

II

Questiono os termos que ouço
em letras de músicas,
tipo tranquei meu coração, como se já não o
                                        fora,
ou pior, parti, arranquei, te dei meu coração,
não vivo sem você, meu anjo e tantas mais.
Isso não é nem metafisicamente aceitável.
Prefiro aquelas palavras que falam que existir é
                                      uma graça,
que devemos agradecer todas as vezes que
                                      acordarmos
à divindade que cada um achar apropriada.
Por isso sou da turma que acha a longevidade
uma bênção, ou um prêmio, sei lá pelo quê.
— Metabolicamente você viveria menos,
                                          Vinícius.
Ao fim dela, sim, a concretização da inexistência,
a espécie definitiva de morte.

III

Essas perdas vêm, mais cedo ou mais tarde.
No meu caso, que já não me preocupo com
                                 esse aspecto,
uma vez que já não busco novos afetos,
tenho problemas com a temporalidade.
— Diferente de você, Vinícius.
Bom que a perda tivesse ocorrido
três décadas antes,
quem sabe ressuscitaria,
ou duas décadas à frente,
quem sabe coincidiria com a morte física.
A despeito disso,
— Também diferente de você, Vinícius.
Bishop tinha razão:
na perda não há nenhum desastre.
Cabe-nos a adequação ao inequívoco
para qualquer das espécies de morte.

IV

Por paradoxal que pareça
esta adequação ao real
pode trazer possíveis benefícios
em meio às muitas decepções das mortes.
Será que serve para algo a evolução
espiritual, ou mesmo humana, depois da
                                    morte?
— De alguma espécie específica de morte,
                                    Vinícius?
Esse desconcerto serviria, no mínimo,
para ensinar que tanto vale o amor na paz
quanto vale a solidão no sossego.
Mas, como se fora um tipo de redenção,
deve-se resistir e lutar para que não prevaleça
nenhuma das espécies de morte.

— Que a gente sobreviva a toda espécie
de morte, Vinícius,
para que finalmente sobreviva
a vida.

UM CONJUNTO PASSADO DO FIM

Atrás de alento
fiquei em busca de qualificações
para tentar definir uma enorme
variedade de sentimentos
que tenho experimentado
nesta fase madura da vida
e que têm me afligido a alma.

Pensei em desencontro
pensei em desencanto
pensei em desalento
mas ficou muito pouco:
já não tenho pontos a entregar.

Decepção, desacordo:
pouco, incompleto
Incômodo,
consequências:
óbvio, exagerado
Constrangedor, mais próximo
até que cheguei
e levou tempo:
desconcerto.

Nessa situação desconcertante
desconcertado
sem ânimo, sem desejar
sentindo o vazio
espera-se um acontecimento.
Qualquer um.

Uma sensação insolúvel
de não pertencimento
ao que veio a ser
como se já se tivesse
tivéssemos nós como um todo
como um conjunto
passado do fim.

Esses objetos que flanam pelo espaço
sem destino.

O NÃO, O NADA

Hoje decidi que não queria escrever um poema
senão um texto.
Algo que não remetesse ao terreno
mas ao desconhecido, ao avesso,
quem sabe ao nada,
a quem me rodeia, à passarada.

Às flores, quem sabe, tão desconsideradas
quanto quem não sabe falar do breve.
Destas coisas como conhecimentos, belezas
poéticas, explicações teóricas.
Há quem só saiba pensar coisas hoje estranhas
como saudades, amor, afeição.

Por isso não vou escrever poema
senão somente fazer extrapolação
do que o sentimento não consegue conter
em uma tarde vazia, cheia,
em que um cheio vazio rodeia
o que o peito há de, se pode, suportar.

Quem sabe eu não deveria ser mais eu
do que o que me tornei?

O CINZENTO

A chuva acaba de abraçar a cidade
aos meus pés.

As cortinas e tapetes da casa foram retirados
para lavar, o que faz maior
o barulho da chuva
e o tamanho do quarto de dormir.

O gigantesco escuro externo
mostra, pelas nuvens que vejo pela janela,
o vazio.

A cama também cresceu
e tudo isso me faz sentir ainda menor
na imensidão em que fui colocado para viver.

Mesmo mergulhado na escuridão
cheia de afetos ofertados por todos os lados.

Até que o dia volte
e o cinza nasça do lado de fora
neste verão sem sol.

Reflexões, reflexos, por que não param?
Há pelo menos dois metros entre o teto
opressor e o infinito, pela janela, que não
                                      sabemos.

O MARGINAL

O Brant falou
e o Milton cantou
que fizeram a travessia.
O Pessoa falou
que quem não faz
fica à margem da vida
e em muito não fez.

Atrevido e diferente
não fiz e nem sei se quero.
Ou acho que não.
Nesse conceito, posso ser chamado, então,
marginal.

O Brant também se definiu
cavaleiro marginal banhado em ribeirão.
O Oiticica já havia convidado
seja marginal seja herói.

O Pessoa também se demonstrou marginal
inclusive em sua astrologia
e em seu interesse
por várias ordens secretas de ocultismo.

Sem contar as avenidas que beiram águas
apropriadamente chamadas marginais
e muitos lindos amores
inapropriadamente chamados marginais.

Como marginal, começo a ser incerto.
Recomendável que me ouvir
acreditar no que falo ou faço
será cada vez mais inseguro e indevido.

Não sendo de confiança
claro que inconveniente.

E como marginal vai se apagando
por ser devido e, quem sabe,
também aconselhável,
da existência alheia.

Até desaparecer,
se apagar ou ser apagado.
E o Pessoa, Marginal,
nunca será apagado ou esquecido.

Isso é o melhor a receber
de quem aceitou ser considerado como tal,
marginal.

Ou pior,
ou melhor,
se autodefiniu
marginal.

Escolheu ficar à margem
e ficou à margem.

SEM CONFLITO

Depende de como   é esquisito
o estímulo   esse maldito

se acaso for normal   evito
se for belo   repito
se falso   transformo em grito

se grito   se repito   se evito
é o que determina o grau   de meu agito

ou posso ficar   aflito
ou me tornar   infinito
na procura   do bendito

assim sempre   facilito
para o lado   do bonito

UM MOMENTO

Hoje fui visto
também me vi
em um espasmo
de alegria, não de felicidade.
Espero que seja claramente entendido
que isso nada tem a ver com ser feliz.

Espero que esteja claramente entendido:
estar feliz é diferente de sê-lo.
Estar é muitas vezes fácil;
ser, em geral, é mais complexo.
Estar é fugaz; ser, indelével.

Sem filosofias nem psicanálises,
sem ciência alguma que taxe
cartesiano o que só queria o mais torto,
vou tentando, em sendo, cada vez menos estar
e, em estando, cada vez mais ser.

Como são as coisas todas simples que são
nesse mundo onde morremos sem entender
espero que esteja claramente entendido.
Ao contrário delas, as coisas,
vou tentando menos estar na vida,
mesmo sem muito ser
nem muito estar.

MELANCOLIA

Não sei se por origem ou instinto
corri da inanição.
Sempre comi futuro, bebi luz

paguei altos preços por isso
e também obtive ganhos. Pequenos.
Hoje minha comida é a burra esperança

no jogo da vida, na visão racional
pode ser dito que consegui.
Hoje meu sustento é solidão

como o racional é só metade, se tanto,
sobra uma incompletude abissal.
Hoje meu garfo cheio é desespero

não me peçam para ser lógico
se o que sempre sobrou foi isso.
Hoje minha panela é tristeza

prefiro viver com dignidade na busca
da emoção que me faltou.
Hoje minha angústia é resiliência

fito o sol a não mais poder
tentando beber sua luz ao máximo.
Hoje minha coragem são pratos limpos

agora que já não quero comer mais futuro
também não tenho mais decepções.
Meu sustento é a lucidez.

Hoje minha comida ainda é esperança
até que se torne, ao fim, vã e irracional espera
traiçoeira que é.

Vívida vida vivida
cumprida e agora
comprida

TEMPO E ENGANO

O amor é tão sublime
que poderia ser único

duas vezes, tentativa
difícil, quem sabe improvável

mais vezes,
improvável, quem sabe impossível

é que a vida é curta
e a gente, breve

o tempo é curto
nós queremos não sê-lo

engano

é curto para tudo e todos
apesar de infinito

DAÍ FICO PENSANDO

Há muito já não sei se muito agrado vindo cá
cá vindo já não sei há muito se agrado muito.
Daí fico pensando por que me empurram
quando estou a frear e me freiam no devaneio?
Como se não pudesse devanear nem frear.

Há muito já não sei se sei muito de nada
há muito já sei que não sei nada de muito.
Daí fico pensando por que a mim se agarram
quando estou a penar e me abandonam no
                                              afeto?
Como se só pudesse ser escolhido, não escolher.

Há muito já estou sentindo um cansaço grande
um grande cansaço há muito já é sentido.
Daí fico pensando por que passar por isso
se buscava exato o contrário? Repito:
como se outros pudessem, e não eu, escolher.

Freio, devaneio, saber, escolha, cansaço
ou tudo ou nada parecem não fazer sentido
ou nada ou tudo não fazem mesmo quaisquer
                                              sentidos.

RELEVOS DOS DOIS MORROS

Assim como nascem, tudo, todos morrem.
O planeta terra, até onde sabemos
o único habitável e habitado de seres e espécies
vive dessa renovação e evolução de tudo
e de todos os vivos que aqui existem, vivem,
morrem.
Nada mais simples, natural e verdadeiro.
Inclusive a morte do próprio planeta terra
essa pequenez da qual somos uma pequenez
só mais uma no meio do que sequer evoluiu a
tanto.
Pensando assim, a terra, pelas leis da física,
pelas variáveis da termodinâmica,
teria uma vida mais fácil, explicável,
compreensível, não fosse o ser humano.
Este, para o bem e para o mal, ainda bem,
subverte a perfeição da natureza
e introduz a metafísica, o inesperado.
Tudo passa a ser menos previsível do que era
ou, mais correto dizer, a ser imprevisível.

A vida seria um desastre sem a metafísica
porque limitada, física, biótica, antrópica e
                                                      óbvia.
É a partir da metafísica que tudo evolui
ao ponto de se crer que se seria imagem e
semelhança com um ser criador, ser superior.
Pretensão ou interesse fazem julgar que se é
mais belo que a couve
que o canarinho cabecinha de fogo
que o canto da sabiá
só porque o cérebro humano está mais
                                    evoluído, por enquanto.
Porque criou-se a metafísica, que bom.

Daqui da minha janela há décadas vejo um
                                    morro
que se parece com um bolo confeitado por
                                 crianças
uma vez que por um lado o confeito-relevo
formado pela vegetação parece muito
                              bem-feito
enquanto do outro lado o relevo-confeito é
                               irregular.
O morro, a serra são lindos como são
na sua perfeita imperfeição.
Como a existência entre o seu certo e o seu
                                    errado,
entre seu bem-feito e seu malfeito,
entre o regular e o irregular, dos morros e das
                                 existências.
Assim, as crianças fazem a confeitaria da
                                  existência.
Definirão nosso futuro confeito, relevo,
enquanto nós definimos o atual.
Como tenho, na jornada, tentado definir o meu.
Sigo como um morro mal confeitado
mas impassível, no aguardo dos tempos
mesmo que estes sejam geológicos.

Lembrem-se, entrou no meio o ser humano:
Há, com certeza, situações que escolhi não
           viver,
pessoas que decidi jamais conhecer,
festas nas quais não estar presente mesmo
         tendo que ir.
Situações que escolhi jamais reconhecer,
menos ainda participar ou, menos ainda,
         partilhar.
Optei por escolher o simbólico, metafísico,
         imaginário.
Assim viver mesmo que só comigo.
Uma vida inteira seria pouco para mudar
         convicções
tomadas de tão solitário e penoso entendimento.

Apenas, há penas para todos no jogo
         perde-perde.
Há preços imateriais altos, é certo.
Construir um relevo próprio, mesmo torto,
nunca é um convite fácil, por trabalhoso.
O lazer sempre é mais atrativo, por leve.
A azáfama, o disfarce perfeito da idiossincrasia.
Como todas as coisas da terra, inclusive a
         própria,
em paz, aguardemos o fim.
Que chega. Na terra, sob a terra. Enterrados.

Pode ser que me acusem de
um tipo de anti-Darwin,
trabalhando para a involução da espécie.
Possível que sim.
Com ciência e consciência.
Como um morro impassível
que também parece ter sido
confeitado por crianças.

O NÃO ENTENDER

Em algum lugar
neste mundo
a música é boa
a chuva que vejo e ouço e cheiro, e toco,
e provo, é fria
Londres, londrina
londrina Londres de tão bons fluidos
e momentos.
Solidão nenhuma.

Enquanto isso...
dor ausente
tristeza longe
sentimento, completude na imperfeição,
na incompletude
que seja no nada!
Há coisas no nada, creia.

No entanto...
vazio profundo
Onde está?
Onde estará
alguém que se dizia perene e incondicional?
Será que cometeu o lamentável
engano de se deixar crescer?
Será que a crueza de um lado real
pode prevalecer sobre
a beleza do lado anímico?

AUTOBIOGRAFIA

Nasci
em um lugar ermo, a esmo.

Oitavo em onze, abandono natural, irrelevância.
Sobrevivi.

Infância?
Não soube o que era.
Devo ter brincado.
Lembro que construí no terreiro
uma grande fazendinha
com manguinhas caídas do pé, os corpos
palitos de fósforo riscados, as pernas e chifres
gravetos juntados, os currais.

Mas trabalhei muito.
Vender laranjas na rua para o Jacinto Tigela
velas para as procissões da Semana Santa
para Julieta do Olímpio
dar expediente na fábrica de colchões do
                                          Rubens
que também me punha a vender maçãs,
na época em que vinham embrulhadas
no só lindo e depois muito útil papel azul de
                                          seda,
vender verduras e frutas colhidas na horta
ou buscadas na do DER
o jornal do Atanagildo
bolsas, bordados e lenços de renda turca
de produção das familiares, a começar pela
                                            mãe
são apenas exemplos de início.

Como também atravessar a cidade todas
                                        as tardes
com a lata de lavagem de restos de comida
buscada nas casas dos tios,
com o pingar às costas do azedo, inesquecível
e nojento conteúdo
cujo cheiro até hoje mora no cérebro
e ainda tenta pingar no que resta.

Estudei
li o que houvesse
e não foi pouco.
No mínimo a biblioteca municipal inteira
como a Juju Vasconcelos informou à minha
                                        mãe
preocupadas com doidice.
Escutei muita música popular
a que havia disponível.
Estudei em Ouro Preto
virei Morro do Gambá,
encascalhado, irregular, áspero, árido
mas preparado.
Busquei me domar aprendendo
a dedilhar o violão
e cantei em rodas.

Tornei-me adulto
tendo vivido muitos anos
em vida severina.
Com isso, percebi a agreste dor
cabralina.
Mas morei em Itabira,
lidando no minerar, no esfolar, arranhar a terra,
e conheci também a dor
das primeiras perdas.
A ternura, a aridez e a lucidez
drummondianas.

Prestei atenção na doçura
busquei apreender
algo de cada um
dos sábios amigos desafetos.
Sobrevivi, de novo.

Trabalhei muito
de novo
estudei mais
exatas e humanas.
Ainda bem, graças a Deus!
Vi o mundo todo.
Ainda bem, graças a Deus!
Criei filhos, curti netos
muitos.
Ainda bem, graças a Deus.
Fui terno, fui doce
dei amor, recebi amor.
Ainda bem, graças a Deus!

Li Montaigne.
Ainda bem!
Graças a Deus!

Sucedido na vida
Introdução à Filosofia
Iniciação à Psicanálise.
Corri demais
tive pressa demais.
Resultado: cheguei rápido.

Onde?
A um cansaço sem fim,
corpo e alma.
Sem fundo, sem consolação.

Sem consolação, sem fundo,
amadureci.

Vi gente morrer
perdi gente para a morte
perdi gente para a vida.
Ruim demais.
Todos os colegas
aposentados
eu pensando:
Que bom!
Cheguei finalmente

ao início do fim.

Criei a sensação
de que a vida pode cobrar
mais pelos anos não severinos
que por estes.

Desconhece-se
o muito próximo.

Completamente desconcertante.

Busquei encontrar companhia
encontrando a mim mesmo.
Sobrevivi, de novo e de novo.

Tenho certa convicção
de não dever reclamar.
Afinal, é vã a busca
pela completude humana,
complementação humana, aprendi
ao fim, ao custo, à dor.

Trabalho muito ainda
estudo muito ainda.
Entretanto,
sinto que nunca estudei algo
formalmente
relacionado à literatura
pelo que me julgo no direito
de ser completamente
ignorante ao tentar
experimentá-la.
Indulgência catártica.

À parte isso,
como disse Pessoa,
decidi buscar no vazio da alma
e no cansaço do corpo
o registro dos pensamentos
que me passam fugazes.
Daí comecei a rabiscar.
Textos?
Poemas?
Sentimentos humanos
alívios.

Mas, à parte isso,
sem ter todos os sonhos do mundo
como Pessoa.
Aliás, sem sonhos quaisquer
nem pretensões
talvez, sem literatura,
vou rabiscando,
pois dá sentido à vida,
conforta.
Vivo, rabisco.
Sobrevivo, de novo e de novo e de novo.

Até quando for o fim
até quando chegar

o fim do fim.

Desculpo-me
por essa extensa,
analítica, dialética biografia.
Descrença, desespero, loucura?
Já fui taxado prolixo.
Afinal, ela pode ter acabado
maior
que a relevância
da própria existência
que pretendeu resumir.

FECHAMENTO DE CICLO

As coisas são o que são.
Pedra é pedra; água, água
não aquilo que pretendemos que sejam.
Por isso não cabem dramatizações
naquilo em que não se é agente ativo.

A vida tem que seguir, incólume,
indiferente, a realidade que é
como as coisas que estão no mundo
com sua simplicidade chocante
no seu vazio objetivo.

A tarde caiu
como faz todo dia
na sua hora, fria e cheia de primavera.
O metabolismo do corpo entrou
em estado de total harmonia com a alma
trazendo a ambos uma insuspeita tranquilidade.

E aí uma paz precisa inundou.

SOLIDÃO?

Estou absolutamente só e me sinto
                              acompanhado.
As últimas aproximações com próximos
têm mais mostrado estranhamentos
que proximidades.
Quem sabe os próximos não são mesmo
para irem sendo perdidos
como num macabro plano de aprendizado
para o aprendizado final da solidão completa?

Sempre busquei na dialética fazer me entender
e na lógica entender aos outros.

Assim vão se enraizando
as sensações de falar sozinho, no vácuo.
De se sentir bem, se sozinho,
de se ter a percepção da chegada
da concretização do sempre
entendido, natural, até previsível,
distanciamento da vida,
distanciamento na vida,
para os quais pretendo seguir marcha
impassível e sensata
calcada na compreensão da total finitude.

Como que estando cansado de passado.

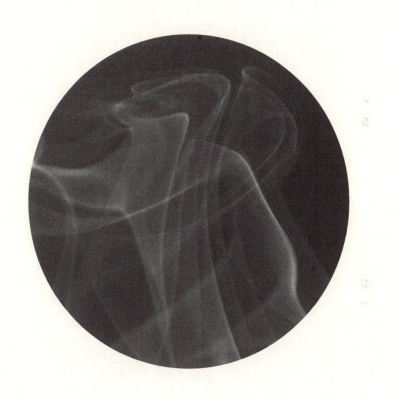

O SALTO

Quem dá um salto no escuro
se não for louco
eu acho que não o sou
é só quem tem certeza
de que não sabe
onde irá cair

só que nem liga mais para isso.

ÀS VOLTAS

Por que sempre tive que ir embora?
Venceu o prazo?
Chegou o prazo?
A companhia aérea é que determinou?
Não organizei direito?
As diárias acabaram?
O trabalho chama?

Preciso deixar de ir embora
na mesma intensidade em que preciso
deixar de ficar.
Para que ficar ou ir
se de repente as coisas nos convidam
exatamente ao oposto naquele momento?
Ou por que, abrunhosamente, pergunto:
de que serve voltar quando se volta para o nada?
Melhor ir indo.

O ESPELHO BOSCO

Ele sempre foi um sujeito
de poucos risos
e de grandes bondades
como a dedicação, o altruísmo, o serviço.
Parecia que, como saído ao pai,
não tinha, não demonstrava ter,
muita intimidade com a alegria.
Eu também sei como é.
As boas coisas pareciam estar sempre próximas
contudo sem nunca chegarem, inundando.
Isto o fez comedido por natureza.
E a mim, afilhado,
fez-me o mesmo.
Ele nem teve ideia do bem que me fez
em vida.
E ainda faz
o espelho.

FIM DE FÉRIAS

Parece que o sol anda grande
que a lua a via láctea o banheiro
aquela abelha que me pousou hoje
e que não matei, minha casa com certeza
andam grandes.

A distância anda pequena.
A formiga que também não matei
o universo o salão grande
onde me orientam ser aeróbico
andam pequenos.

Parece que meses grandes
como esses pequenos do meio ano
andam curtos.

Não sei se pelos anos
que já não são poucos
ou porque o tempo assim determinou
o sol do outro hemisfério
levou o sol do hemisfério de cá
e o tempo fez seu trabalho.

As tardes ficaram grandes e vermelhas
o coração ficou pequeno e pálido.
O grande vazio, aquele que advém
com a sensação de abandono da marcha,
sensação que pode ser eterna,
como o próprio abandono
ficou maior
profundo e triste.
Como maior ficou a sensação
de que a caminhada deve seguir
segue
seguirá sempre.

Será que o grande vermelho do céu da tarde
é do sangue do pálido pequeno coração?
Ou será mesmo só coisa de tarde de inverno
no grande vácuo que fica no pequeno
                                  hemisfério sul
quando chega esta hora?

VIAGEM

Passo a doze mil metros voando.
À minha esquerda enxergo bem
o mapa de voo ajuda
Campo Formoso e
Senhor do Bonfim.
É noite.

Voo ao norte e no escuro que se faz
surgem as poucas luzes
que identificam à direita, nordeste,
Pilar e Caraíba.
Posso ver até Abóboras
Santa Rosa, Cabrobó
e Uauá, da inefável Angelita.
Vejo também o Velho Chico
o risco negro que o representa.
Sobradinho e Paulo Afonso com os negros
                                        absolutos
que representam as águas barradas.
Lembro-me da Caraíba
Lembro-me do Caraíba
Lembro-me, e do quanto foram boas,
de suas fabricações diurnas.

Como pode ser que isso tudo
já faça décadas?
Que trabalho será que a gente fez
para transformar a felicidade do quase nada
na infindável infelicidade
do quase tudo?
Ou, no mínimo, do muito?

Como será que o que foi desterro
acabou virando lembrança de felicidade?

Até que passou Apodi
até que passou Mossoró
até que passou Areia Branca.
Aí fez-se a negra noite do mar
de longas horas...

O voo, como têm sido para mim os meus,
passou a ser às cegas
até para certo conforto
de conscientização da incompetência
de querer controlar o incontrolável
da inevitável entrega total
como se o voo às cegas
refletisse a eternidade o futuro o amanhã,
todos também às cegas.

Talvez parecesse com uma homenagem
à brevilongevidade
que se fez também presente
trazendo fraca alegria.

E o sistema de voo informou que
faltavam seis horas para o percurso da
                                              madrugada
do nada sobre o mar.
Talvez a Ilha do Sal
como de sal, não salgadas, têm sido
as ilhas que tenho encontrado
bem depois, muito depois,
dos doces que já me foram dados.

Sigo às cegas pelas viagens
e pela eternidade
pela escuridão
da noite que tenho
cada vez melhor
conhecido.

ZÉ

Ontem o Zé morreu aqui em Londres, eu soube
Novo
Não o conheci
mas sabia quem era
até mesmo por simples razões,
caminhos improváveis.

Por próximos que não fôssemos
há uma realidade:
O Zé morreu.
Quantos Zés morrem por dia
sem que eu me pergunte

e que me fazem pensar
por que aconteceu isso?
Ou: e agora, Zé?
Será que tinha uma pedra
no meio do caminho?

Eu não morri ainda, mas
entendo o Zé que não conheci bem.
Não faltou, nunca falta
pedra pelo caminho
talvez falte caminho.

Talvez faltem Josés
que façam a diferença,
já que pedras no caminho
nunca faltarão
para quem sabe ser Zé
é muito difícil.

E agora, Zé?
Que a vida que nunca
nos uniu
também não nos separe
nas pedras do meio

ORAÇÃO

Analisando a escala dos bits
esses impulsos elétricos
que hoje orientam nossa vida digital
e muito nos influenciam
aprendi que oito bits compõem um byte.

Para a frente o negócio vai só se enrolando
porque o ponto seguinte chama-se kilobyte
e é constituído de mil e vinte e quatro bytes.
Então na sequência aparece o megabyte
que tem mil e vinte e quatro kilobytes.
Daí vem o gigabyte que tem seus
mil e vinte e quatro megabytes.
Depois disso vêm o terabyte,
o peta, o exa, o zetta, o yotta e o brontobyte
sempre nessa comprida e infindável
multiplicação do total anterior
por mil e vinte e quatro.

Foi até aí que a humanidade já chegou
ou planejou chegar
sendo que os indivíduos normais, comuns
quase nunca passam dos gigabytes
o que torna o prefixo tera
já, digamos, uma coisa de maluco.

Então podemos fazer uma analogia de bit
                              com pia.

Pia:
Conceito óbvio, imagético.
Só de se falar o nome imagina-se o objeto.
Em caso de persistirem dúvidas
é só conferir no dicionário.
Oito pias representariam uma bytepia.
Ou baita pia.

Kilopia:
Dessas casas grandes
tipo as norte americanas
de muitos cômodos molhados
que possuem excesso de tudo, também de pias.

Megapia:
Essas de colégios, museus e estádios.

Gigapia:
Essas de parques, aos montes, na China,
                              na Índia.

Terapia:
Pensei na psico.
Máquina de, eventualmente, curar os malucos
fazendo-os perder
o dom relativo de suas maluquices
e de sempre malucar um pouco aos sãos.

Petapia, Exapia, Zettapia, Yottapia, Brontopia:
Sugiro que serão os inevitáveis efeitos futuros
cada vez mais gradativos em exponencial
quando todos os sãos estejam amalucados
e todos os malucos passem por sãos.

Ou nada mudará
ou será tudo muito sem graça
pior que hoje.

passarinho que muito pia
morre primeiro.

Ou quem sabe pia pode ter também
o signo de piedosa?
Livrai-nos do mal, amém.

DISTÓPICO

Não faço nem farei parte
de um mundo líquido
tenho vivido mais tempo que devia
o normal de hoje é louco
o que estou vivendo, distópico.
Aprendo a achar mais fácil
viver no distópico do que no líquido.
Serei distópico, mas não normal.

Quando digitei líquido
o corretor de textos me perguntou:
liquidificador?
Não achei a pergunta de todo inapropriada
respondi: não. Não vou ao liquidificador
não deixarei minha identidade
sei claramente o que estou preferindo
absoluta escolha.

Posso ter nascido no passado
mas não creio muito nisso
mesmo porque quase não tenho passado
e, sem tê-lo, não comeria tanto futuro.
Assoma aquela segurança irritante:
se tivesse acompanhado o desenvolver
da história não teria escolhido exemplos
que me fizessem colocar fichas na liquidez.

Posso ter nascido no futuro, menos mal
também não creio muito nisso
ou não teria comido tanto futuro
pois já o conheceria e haveria buscado
algo mais sólido que gasoso.
Comedor de futuro, não vejo futuro
para o líquido futuramente
a não ser como estado da matéria,
jamais como evolução da espécie humana.

Sem presente, sem passado,
pouca chance de futuro,
distópico, velho, sozinho e cansado
resta o registro para utilidade alheia,
aleatória, alhures, alienada:
seria isso ainda comer futuro?
Nava: a experiência é um carro
com os faróis voltados para trás.
Que sirva, se não para nada, para isso.

Antes, muito antes, fichas na lucidez
e mesmo na solidão
ambas mais próximas da solidez
Montaigne, ah, Montaigne!
Como deve ser difícil
equilibrar essas virtudes
ou estados da matéria
mesmo que para o distópico
mesmo que em castelo.
Será que esta parte você não ensinou
ou fui eu que ainda não aprendi direito?
Seja o que for, será, antes, escolha
ante o abominável líquido
do que me afasto
mesmo que rumo ao distópico.

GARANTIA

Ignoro, por mais não querer.
Fico mais quieto mais sentado, de canto
e estou sorrindo.

Entendo quando me tomam por débil
(não débil moral, corretor
mil vezes antes, débil)
é que não sabem o que é vencer a derrota
também ainda não tiveram tempo
de viver o que já vivi
nem de conhecer a solidão do poder.
É que não sabem o que é enxergar o fim
logo ali na frente e na hora certa
na que tinha que chegar
e chega, já que inevitável.

Só posso garantir
que não garanto nada.

SOBRE O PODRE E O OCO

I

Pode alguém se dedicar na vida
ou até mesmo desejar, viver
no que, se não foi, acabou se tornando
parte de um podre e de um oco?

Imperioso é colocar, de início, que
não há qualquer tipo de ódio envolvido
nestas considerações, por diversos motivos.
Antes porque não seria sequer capaz
de dissertar sobre esse sentimento.
Depois porque se qualquer sentido de vida
não estiver no amor, no altruísmo,
há uma enorme gama de possibilidades
de louváveis a abjetas
onde ele poderia estar
antes de cair no infernal buraco do ódio.
Este sim um buraco real, metafísico,
triste, destruidor e fatal.

II

Daí advém que reconhecer um pedido de perdão
é diferente, e muito mais simples
que aprender a perdoar
a reconhecer erros, a ter autocrítica.
Nem sei qual bem poderia fazer
o perdão no mundo
enquanto existir essa dualidade
enquanto prevalecer esse entendimento
de que seja possível ouvir tal pedido
sem a ele atender com atos.

III

A demonização que torna o de dentro
só defeitos, porque usual, longevo
pode parecer não nascer do lado de fora
mas é de lá que vem, inevitavelmente.
Da longevidade vem a maior das invejas
e é óbvio que digam o contrário.
É lamentável, mas há dificuldades em
aceitar de maneira fácil a realização alheia.
Isso é próprio da natureza humana
apesar de doentio, ou por isso mesmo.
Alguém, a partir daí, até sem perceber
faz a parte do trabalho do lado
de dentro para fora.

IV

O equilíbrio deveria ser a força motriz da vida.
Melhor tentar nunca deixar de ser você
nunca se tornar pior
nem se virar ao avesso.
No mínimo porque a estética é feia
os efeitos imagéticos devem ser chocantes
e para a própria vida seria fatal.
Nunca deveríamos ser parte de podres, de ocos
já que não há paz se estamos cheios de buracos
nem tornar normal a vida em prática
do demérito, da indiferença e do descrédito,
que são os produtos advindos da demonização
sem interessar onde ela nasce,
por não conhecer o relevar.

V

Se um dia for informado que faz parte
de uma árvore podre
cheia de buracos e que causa
feridas doloridas, tipo incuráveis,
deve-se tentar aprender a viver só consigo.
O que pode ganhar alguém em cutucar
feridas de quem as está secando?
Ou insistir em árvores cortadas por podres
ocas, cheias de vazios,
assim como fossem almas condenadas?

VI

E se alguém foi capaz de criar algo
tão abominável e nem sequer se aperceber
bem do que estava fazendo
prestando atenção em frutos e sementes
não na tal árvore defeituosa
sem crer que coisas boas raramente
saem do ruim
sem entender que o ovo da serpente
já estava lá sendo chocado
além de campeão em insensibilidade
o seria também de insensatez.

VII

Eu, por exemplo, se acusado de portador dessas
grandes virtudes, como a habilidade para
criar o oco e o podre
(detesto coisas de baixas densidades),
como a insensibilidade ou a insensatez,
diria que sei que sou uma pessoa dotada
de muitas virtudes
mas não especificamente destas
que ficaria lisonjeado
por ser fraco para elogios.
Exigiria de mim uma competência
que garanto não ter.

VIII

Ninguém que não seja portador
dessas tão significantes virtudes
seria capaz de criar sozinho
a árvore de podres, ocos, vazios, buracos.
Tal trabalho exige extensos esforços conjuntos.
É uma absoluta dedicação ao caos
demandando uma grande quantidade de tempo
e de árduo trabalho, persistente
e de longo prazo.

IX

Seria algo como especializar-se
em destruir o caminho da paz
seria como se dedicar ao ofício
de destruir o afeto
seria como inventar um novo
e obtuso conceito de respeito
como se fosse impossível a forma natural de
                                                        respeito.
Seria como se dedicar à
construção
da mais absoluta e deliberada
destruição.
Presságios esquisitos, estranhos, negativos.

X

Nos velhos olivais,
nas planícies e colinas,
muitas vezes pode-se ver troncos
ocos, vazios, cheios de buracos e
secos
de centenárias oliveiras.
Como se a secura houvesse
sobrevivido à destruição da podridão
e ao Senhor Tempo
e se perpetuado.
Nestes troncos podem ser vistas
diversas gerações de brotos
nascidas de suas raízes,
nascidas aos seus pés
muitas vezes nascidas de fora da terra,
nascidas do próprio tronco seco.
Podem ser vistos desde tenros brotos
até galhos já em franca produção
a demonstrarem que de um retorcido
seco
sobrevivente da podridão
podem renascer, mesmo sendo raro,
o belo e o útil.
A própria beleza e o bom serviço.

PENÉLOPE

para Ana Elisa Ribeiro

Qual será a proporcionalidade,
se é que tem que existir,
Penélope Matemática,
entre solidão e angústia?
Será que duas solidões
são tão diferentes de solidão a dois?
Talvez pudesse ser explícito
em responder a essas questões
mas eliminaria o valor do estar implícito.
Um dia o implícito há de mais valer.

Melhor desligar as luzes de casa
tecer uma só solidão.
Que esta seja somente
mais uma noite em claro
no escuro da escuridão escura
de uma clara existência.

DEMÉRITO E MERECIMENTO

para o Zeca e o Guga

A gente pensa ser uma questão
de merecimento
e geralmente o é.
Quem foi induzido na meritocracia
tem muitas vezes a inadvertida pretensão
de saber o que é merecimento
e toma o demérito como tal
e se envolve em tomar um pelo outro
pela vida afora
engano total e erro fatal.

O demérito pode ser o real merecimento
o Senhor Tempo é quem mostra isso
quando traz consigo a permanência,
pesada, mas com sentido,
quando o pretenso merecimento se mostra
                                                          vazio.

Pensando assim, cheguei em casa,
troquei beijos com dois netos,
escutei que me amavam,
disse que também os amava
e fomos dormir felizes
por puro e instantâneo merecimento.

UM DIA EM FAMÍLIA

Sim
Não
Eu tenho a mais absoluta certeza
que não quero saber.
Talvez seja uma certeza
que deveria estar no novo
não no mais do mesmo.
Isto é o que diz a racionalidade
e até espero que não.
Quem sabe, até também espere que sim.
Por que será que eu penso sobre
o que o viver faz com as pessoas?
Por que será que eu penso sobre
o que as pessoas fazem com a vida?
Por que, pergunto?
Porque não sei responder.
Por que será que tanto podendo
Não podemos?

Mas quem dera fosse questão
de racionalidade.
O assunto é de emoção
a dor dói
o querer machuca
a consciência empurra
a incompreensão fere
a vontade não manda
a pergunta nunca mais
sai da alma da cabeça que pensa.
Ou seria da cabeça da alma que pena?

O que nossa imagem pode fazer
mais que a virtude?
Pouco, não deve valer o preço
que inevitavelmente cobra.

Viva o coração!
Gostaria de morrer com ele
por isso pergunto.

INVERNO

Uma espécie de falta de sentido em tudo
a ausência de um sentido
em estar vivo

os choupos e os plátanos
troncos e galhos secos e retorcidos
os mortos

em um inverno estendido
que parece nunca terminar

adquirindo aquelas formas monstruosas
de feiuras que se espera que virem belezas
quando a boa estação voltar
e com ela as folhas
e flores.

Um sofrido processo de hibernação
que parece nunca ter fim

os choupos e os plátanos
troncos e galhos secos e retorcidos
os mortos

SALA DE AULA

Um dia ensinaram a você
que são três os estados da matéria
e muitas outras grandes simplificações
que não fazem nenhum sentido.

Na verdade, há todo um espaço
em que a matéria já não é
o líquido da tinta com que você escreve
e ainda não é o sólido do papel que a recebe.

Isso vale para qualquer matéria,
em qualquer estado,
menos para quaisquer dois gases, esses miscíveis.

Estas interfaces possuem propriedades
muito diversas das matérias que as originaram
o que as tornam de grandes valias
tecnológicas e científicas,
tornando recomendável conhecê-las
para tentar bem compreender o mundo.
Permitem entre muitas coisas
flutuar o pesado e afundar o leve.

Um dia ensinaram a você
que são dois os gêneros humanos
e muitas outras grandes simplificações
que não fazem nenhum sentido.

DESCRIÇÕES

Na Igreja do Carmo do Porto
um pedaço, com certeza, ficou.
Foi sem querer e na manhã
do Sábado de Aleluia.
Sem querer não seria bem o termo
uma vez que sempre quis deixar o que lá deixei.
O acaso (que não existe) expressa melhor
já que adveio de um encontro não planejado
entre a Igreja do Carmo do Porto
e os sentimentos que lá surgiram
saíram de mim e lá ficaram.

Assomado com as três fachadas distintas
inusitadas e belas, foi que entrei, turista.
De frente com a beleza e em franco choque
fui imergindo em reflexões que pareciam
estar me mudando
livrando de pesos.

Falei com meu pai, aos seus
cento e dezesseis anos de idade
sobre gratidão.
(Há tempos não nos falávamos).

Com minha mãe, só cento e dez anos,
falamos sobre sua inseparável
Adoração ao Santíssimo.
Resiliência!

Veio o Newton Ambrósio
Padre Diretor que garimpava os meninos na
                                                                    pobreza
ouvi mais sobre bondade.

De Julian Beck e Judith Malina, destemor
na Ouro Preto do fim dos anos sessenta.

O McCartney lembrou-me:
"don't carry the world upon your shoulders".

Com mulheres que amei, e que se foram,
falamos de parceria, de lealdade, de amizade
senão não vale a pena.
Eu agradeci a elas pelos vividos.
Depois me despedi.

Chamei filhos e netos, que também andam
                                                                     longe
falamos de amor incondicional.
Refleti sobre a solidão.

Muitos, incontáveis, Outros e Grandes Outros
da música, da literatura, do bar
dos bancos escolares, da família
da formação humana, do desenrolar da vida
juntaram-se a nós.

No encanto
todos falamos de virtudes
e de tudo o que nos ocorreu falar.
Todos falamos de perdão.
De perdoar
e de perdoar-se.

Quando meu filho Pedro me chamou para ir
(ou poderia estar lá até agora)
havia marejados nos meus olhos.

E a rara alegria inicial
parecia ter se transformado.
Havia visto a vida!
O desapego, o livramento, o descarrego
de dores, de mágoas, de tristezas
de aflições, de angústias, de anseios.

Caminhei por horas pelas ruas do Porto,
o dia todo, sem o menor sinal de cansaço.
Nem o do corpo, nem o do espírito,
nem o da caminhada, nem o da vida.
Livraria Lello, Convento dos Clérigos
Mercado do Bolhão, Estação de São Bento
Rua Santa Catarina, Majestic Café, Ribeira.

Muitos outros sítios, uns óbvios, outros não.
Como toda a gente fui ter aos Aliados
com Abrunhosa, a convite do poeta.
"E há de haver outra maneira
de contar a quem não sabe
se me dás a vida inteira
por que só vivi metade?"
No trajeto, alguns finos, alguns brancos, alguns
                                                         tintos.

Enquanto a tarde caía, porque era sua hora
                                                         de cair,
a rara alegria mais me inundava,
parecendo ter se transformado
em menos efêmera felicidade.

Com ingenuidade pedia
até lá no Muro dos Bacalhoeiros
mirando o Douro prateado pela boca da noite
e pelas luzes começando a serem acesas
no Cais de Vila Nova de Gaia
para que aquele dia, aquele estado de espírito
jamais tivessem fim.

Para que jamais voltem em mim
os rancores de que havia me livrado
e para que jamais saiam de mim
as lembranças.

Que ficassem comigo todos os bons
                    sentimentos escorridos
que vivi na Igreja do Carmo do Porto
naquela manhã de sábado sem nuvens
com o sol forte nos abraçando
para a vida
ou nos deixando prontos para o qualquer que
                                    viesse.

Como há muito não acontecia
pareceu-me que havia experimentado
a inteira felicidade.

AS DUAS ESTAÇÕES

Ontem falou-se de perdão.
Na verdade, estamos falando
há dias, desde que começou setembro
e com ele chegou uma nova estação
dessas que a gente por aqui não sente.

Fico pensando em quem magoei.
Propositadamente não foi,
por inabilidade podem ser muitos
que não sei e não posso enumerar.
De qualquer forma peço, a todos esses, perdão
no meu verão particular do hemisfério sul.

Fico pensando quem pode ter me magoado
e que eu já não tivesse exercido
a compaixão, o altruísmo, e perdoado.
Coração leve e sem mágoas, em comunhão,
também não os localizei
nestas meias estações daqui.

Trago de berço uma lição de generosidade.
Outro dia falei com meus filhos
em explosão incondicional de perdão
como um caminho para nós, para todos.
Enquanto isso continuo sonhando
como destrambelhado
no meu, também particular, inverno do
                                                  hemisfério sul.

FOTO DA NUVEM

I

A Apple tem o costume de enviar fotos e vídeos
que resgata dos nossos arquivos, em nossas
                                        nuvens.
Muitas vezes isso nos traz boas recordações,
em outras tantas, causa inquietações
por trazer imagens de pessoas que já partiram,
seja para a morte ou seja para a vida.

Como poderia a Apple imaginar que lembranças
gostaríamos de escolher da primavera
de oito anos atrás, por exemplo?
Ou que a foto do verão de seis anos atrás
possa ter sido o nosso último momento de
                                        alegria?

II

Aquele soldado de Norman Mailer
que, em combate na guerra do Vietnã,
recebe o aviso urgente da morte de seu amor
e a partir daí continua a receber pelo correio,
                                    por meses,
as cartas de amor que ela já lhe despachara
                                    diariamente.
Assim como se fosse uma espécie de extensão
da vida dela, do amor deles e do sofrimento
                                    dele.

III

Outro dia, em uma foto dessas, eu vi uma
 mulher linda
de quem pude acompanhar o amadurecimento
cercada de filhos também fortes e lindos
e que eram também meus.
Até me pareceu que os peitos eram maiores,
mais cheios, como que a confirmar
que a pujança dos filhos evoluiu
de grandes mamadas.

Não parecia nem um pouco
com a pessoa frágil, com o tórax meio que
voltado para dentro, asmática, alérgica, míope,
(Ah, eu quero a esperança de óculos etc. etc. etc.)
dependente, adolescente bela, que há muito
 tempo,
com uma mão cheia de pedras
e a outra cheia de desconfiança, me avisaram
 que era.

Como não resisti, ou insisti em atender ao seu
                                        convite,
passaram para mim a responsabilidade pela
                                        sua vida.
Como se isso fosse possível.

Correto dizer que anos depois a mão de
                                        desconfiança
virou de admiração e a de pedras virou de flores.

IV

Ao olhar essa foto extemporânea
fiquei feliz pelo que foi criado e construído
nesta já longa e cansativa luta de uma grande
jornada.

Será que a Apple poderia imaginar
como a jornada é longa e breve?

LONGEVIDADE

I

A longevidade é a graça concedida
àqueles que conseguem entender
que a existência humana
é as duas faces
de uma mesma moeda
ou aos teimosos que resolvem
onerar os planos de saúde
em seus custos
intrigar os estatísticos
em suas probabilidades
desafiar os atuários
em seus planos de pensões
ou enraivecer os parentes
que têm mais o que fazer
que pelejar com longevos,
ou pior,
enraivecer a turma que vigia
as sobras dos empréstimos
da vida.

II

Uma das faces é o que se viveu.
Vinte anos vividos
passam na memória como muito curtos.
Vinte anos a viver, sonho completo,
parecem um anúncio publicitário
com suas enganações incorrigíveis
e prometem um monte do inatingível.

Como se alguém pudesse fazer em vinte
mais do que não conseguiu em setenta.
Daí você busca conservar
e é taxado de conservador, no melhor sentido.
Óbvio: quem busca conservar o que é?

Longe de mim,
bem longe de mim,
fazer aqui um ditado de regras.

Eu, por exemplo, se viver mais vinte
onerarei
intrigarei
desafiarei
e enraivecerei
os anteriormente enumerados.
É o que sinceramente
espero de mim.

III

A outra face da moeda
é a que resolve apostar
nos anos a virem.
Ao cérebro eles parecem tão longos.
São sereias que nos atraem
mas as sereias nos enganam
assim como o tempo também o faz.

Aí queimam-se navios.
Quase que invariavelmente, machucam
a si, aos outros e aos navios.
Alguns chamam de coragem
outros chamam de insano.
Mas como diz o ditado:
O tempo é de murici
cada um sabe de si.

IV

Claro, como toda moeda,
a vida também gira.
E, de repente, pode-se ser feliz
em qualquer hipótese
uma vez que a gente
é quem porta, ou não,
algo de fortuna consigo.
De um lado da moeda
do outro lado
ou no seu giro.

V

De onde vêm essas reflexões?
Destes lados e giros das moedas da vida
e da maior altura
da minha ignorância
da profundidade infinita
da minha insignificância
e, sobretudo, da imensidão
incomensurável
da minha pequenez
da minha existência
insignificante.

Da parte mais vazia do nada.

A LONGA VIAGEM

"*É preciso estar sempre embriagado. Isso é tudo: é a única questão. Para não sentir o horrível fardo do tempo que lhe quebra os ombros e o curva para o chão é preciso embriagar-se sem perdão.*

Mas de quê? De vinho, se poesia ou de virtude, como quiser. Mas embriague-se."

– **Charles Baudelaire**

Aviso que não irei sozinho
no que o tempo me fizer voar.
Entenderei que preciso de suportes.
Não voo e nunca voarei, porque não aceito,
sem aquele indispensável etéreo metafísico
sob meus braços.

Busco e vou e fuço, não paro
como se o impossível fosse parar
para o que fosse
para o que viesse.

A viagem é longa
há de haver preparo de bagagem.

Não pode ser esquecido que existiu
um cara que, quando ficavam por trás dele
na mesa de jogos, dizia aos sapos:
"há olhos negros, olhos verdes e olhos azuis
mas há olhos que mais parecem cus".

Não pode faltar manha com a poesia.

Amoroso sempre fui.
Mas, para demonstrar isso, teria que ter
procurado
um outro ambiente,
não onde fui posto.
Ou seria mais estranho
do que já sou considerado.
Jamais esquecer a meta de ser sem utilidade
prestar só para nada.

Lembrar de carregar com o vinho
amor, perdão e um pouco de sacanagem.

Não terei que destruir muito,
talvez tenha que desconstruir muito.
Aprenderei a não aceitar dos outros
o que não quero em mim
nem o que me sobra.

Selecionar que virtude levar
e juntar uns poucos saberes.

Minha bagagem para a embriaguez
está montada, poeta.
Com a poesia, a metafísica e a manha.
Com o vinho, o amor, o perdão e a sacanagem.
Com a virtude, alguns saberes.
Será que tem excesso de bagagem?

Ao fim da longa viagem
sem destino e sem volta
com braços cansados
sobre braços também cansados
de uma velha e amiga poltrona,
olhando para cima
acho que finalmente compreenderei
tarde
que nada entendi de nada,
mas estarei pronto, feliz,
embriagado
e sorrirei.

DÚVIDA

Como?
Se nem sequer cheguei a tanto
no contexto do encanto.
Então
qual o porquê do espanto?

Assim volto para o meu canto.

NOTA DO AUTOR

A gente é fruto do que vive, do que estuda, do que lê, vê, sente, admira.

É a partir desse caldo que a gente cria, cozinha, escreve.

Além dos traços, pedaços, ingredientes dos autores citados, não terá sido mera coincidência se os leitores deste livro sentirem sopros, cheiros e temperos de outros autores.

Eu senti os de Friedrich Nietzsche, José Saramago, Chico Buarque, Cristovão Tezza, Manoel de Barros, Machado de Assis e Jacques Lacan, pelo menos, aos quais reverencio e peço licença.

Todos eles, citados ou não, são partes, mesmo que por eles involuntárias, do meu caldo, do que penso e, por isso, do que escrevo.

AGRADECIMENTOS

Agradeço aos meus filhos e netos, forças incondicionais da viagem e queridos de todas as horas. Sempre será por vocês.

Agradeço ao Denys José Dutra Cerqueira, minha garantia no encontro dos profundos mistérios da Informática com minha oceânica ignorância nesta disciplina.

Agradeço ao amigo Nicolas Stravakas que ficou por anos falando comigo: "Cara, você tem que escrever um livro de poesia!". Taí, véia, o primeiro.

Agradeço à professora e escritora Ana Elisa Ribeiro, que não conheço pessoalmente, mas que, gentilmente, me ensinou o "caminho das pedras".

Agradeço ao irmão Gastão Santos Ramos, pelo entusiasmo leal e amigo e pela colaboração na criação da arte da capa.

Agradeço ao Lucas Maroca de Castro, meu editor, e à toda a turma da Crivo Editorial, pela qualidade, presteza e dedicação na jornada deste livro. Que venham as próximas, para os próximos, juntos.

Agradeço especificamente ao Pedro Eduardo da Cunha Pereira, além de filho, guia turístico, assessor e confidente para tudo e primeiro leitor/corretor dos meus escritos. Aquele que torna meu tempo maior e as coisas possíveis. O Indefectível.

Por fim, um agradecimento mais que especial para a professora e escritora Laura Cohen Rabelo e seu Estratégias Narrativas, que foram o "caminho das pedras". À melhor professora e mentora que eu poderia ter. Mal-acostumado a ser a última palavra, a do chefinho, voltei à cadeira da escola para ser enquadrado. Corrigiu inúmeros de meus defeitos, deu muitas broncas e alguns parcos elogios, passou "deveres para casa" difíceis, mas me ensinou muito e me aplicou coisas maravilhosas, como o Dicionário Analógico da Língua Portuguesa, como uma porção de autores e de livros maravilhosos e como o curso da poeta Lilian Sais, a quem também agradeço aqui e com quem também aprendi muito.

A Laura e a Lilian me fizeram desmentir a autobiografia que apresentei neste livro, na qual falei que nunca havia estudado Literatura. Agora posso dizer que tive duas excelentes professoras.

Pra fechar estes agradecimentos, quero registrar um relato engraçado. Na primeira aula, a Laura mandou "Você escreve como uma pessoa do meio do século passado". Respondi "deve ser isso. Sou exatamente do meio do século passado". Aí fomos trabalhar e, outro dia, um ano depois, ela falou que eu era um autor contemporâneo. Tá vendo como ela é fera? Transformou um quase parnasiano em um quase contemporâneo.

Obrigado, Laura. A luta continua. Como você falou, nunca mais a gente para.

CRIVO EDITORIAL
r. Fernandes Tourinho // n. 602 // sl. 502
30.112-000 // Funcionários // BH // MG

🌐 crivoeditorial.com.br
✉ contato@crivoeditorial.com.br
ⓕ facebook.com/crivoeditorial
📷 instagram.com/crivoeditorial
🛒 loja.crivoeditorial.com.br